www.ingramcontent.com/pod-product-compliance
Lightning Source LLC
LaVergne TN
LVHW060342200726
843506LV00008B/592

حَديقةُ أَخْضَر

تأليف: د. طارق البكري

رسوم: مريم شريف

دار الرُّقيّ
للطباعة والنشر والتوزيع

كانَ هُنالِكَ وَلَدٌ اسْمُهُ أَخْضَرُ يَعيشُ في بَلْدَةٍ بَعيدَةٍ.. وَخَلْفَ بَيْتِهِ كانَ هُناكَ زاوِيَةٌ تُرابِيَّةٌ صَغيرَةٌ غَيرُ مَزْروعَةٍ.. وَكانَ النّاسُ يَرْمونَ فيها بَعْضَ نُفاياتِهِمْ.. وَمَعَ الوَقْتِ كَثُرَتِ النُّفاياتُ..

3

فَكَّرَ أَخْضَرُ أَنَّ النُّفايات
سَتَزْدادُ.. وَسَيَمْتَلِئُ المَكانُ
بِـالأَوْساخِ وَالـبَـعـوضِ
وَالحَشَراتِ..

قَرَّرَ أَنْ يَفْعَلَ شَيْئاً لِإِنْقاذِ
جيرانِهِ وَ أَهْلِهِ مِنَ الخَطَرِ..

قالَ لِأَبِيهِ إِنَّهُ سَيَقومُ بِجَمْعِ النُّفاياتِ في أَكْياسٍ ثُمَّ يَنْقُلُها إِلى حاوِيَةِ النُّفاياتِ حَتَّى يَبْقى المَكانُ نَظيفاً.. ثُمَّ يَقومُ بَعْدَ ذَلِكَ بِزِراعَةِ الزَّاوِيَةِ الصَّغيرَةِ بِالزُّهورِ والأَعْشابِ الخَضْراءِ الجَميلَةِ الَّتي تَجْعَلُ مَنْظَرَ المَكانِ رائِعاً..

هَنَّأَهُ أَبُوهُ عَلَى فِكْرَتِهِ
وَشَجَّعَتْهُ عَلَيْها أُمُّهُ..

قالَ لَهُ أَبُوهُ إِنَّهُ سَيُساعِدُهُ
عَلَى تَنْفِيذِ فِكْرَتِهِ.

وَفي الصَّباحِ.. سارَعَ الأَبُ وَابْنُهُ لِلْبَدْءِ بِتَنْفيذِ ما عَزَما عَلَيْهِ، وَقَضَيا قَليلاً مِنَ الوَقْتِ في هِمَّةٍ وَنَشاطٍ..

فَمَرَّ جارُهُما أَبو عَزيزٍ وَرَأَى ما يَفْعَلانِ فَسارَعَ لِمُساعَدَتِهما، وَكَذَلِكَ فَعَلَ العَمُّ طَلالٌ وَابْنُهُ جَوادٌ.. وَتَعاوَنوا جَميعاً عَلَى ذَلِكَ.. وَلَـمْ يَطْلَعِ النَّهارُ وَتَشْتَدَّ الشَّمْسُ حَتَّى كانَتِ السّاحَةُ التُّرابِيَّةُ نَظيفَةً تَماماً...

فَرِحَ أَخْضَرُ بِهَذَا الإِنْجازِ السَّريعِ وَبِهَذِهِ المُهِمَّةِ العاليَةِ لِجيرانِ الحَيِّ.. وَشَكَرَهُمْ جَميعاً قَبْلَ أَنْ يَذْهَبوا إِلى مَنازِلِهِمْ لِيَرْتاحوا وَيَحْكوا لِأُسَرِهِمْ ما حَدَثَ.

عَصْرَ ذَلِكَ اليَوْمِ أَحْضَرَ أَخْضَرُ مَجْموعَةً مِنْ بُذورِ الـوُرودِ المُتَنَوِّعَةِ وَالأَعْشابِ الخَضْراءِ وَبَدَأَ بِرَمْيِ البُذورِ بِطَريقَةٍ مُتَناسِقَةٍ.. ثُمَّ قامَ بِسَقْيِ الأَرْضِ حَتَّى ارْتَوَتْ ..

وَظَلَّ أَخْضَرُ عَلَى هَذِهِ الحالِ أَيَّاماً عِدَّةً حَتَّى بَدَأَتِ الوُرودُ تَكْبُرُ وَالأَعْشابُ تَنْمو..

وَشاعَ في البَلْدَةِ ما فَعَلَهُ أَخْضَرُ.. فَصارَ الجَميعُ يَأْتونَ لِيُشاهِدوا حَديقَتَهُ الصَّغيرَةَ وَيَشْكُروهُ عَلَى دَوْرِهِ في تَنْظيفِ البَلْدَةِ وَتَجْميلِها.

وَمُنْذُ ذَلِكَ اليَوْمِ يَحْرِصُ أَبْناءُ البَلْدَةِ عَلَى تَنْظيفِ شَوارِعِهِـمْ وَساحاتِهِمْ وَيُحافِظونَ عَلَى جَمالِها.. وَأَطْلَقوا عَلَى الزَّاوِيَةِ التُّرابِيَّةِ الصَّغيرةِ الَّتي أَصْبَحَتْ جَنَّةً جَميلَةً لَها رائِحَةٌ طَيِّبَةٌ اسْمَ: «حَديقَةُ أَخْضَرَ».

ماذا قرَّر أخضرُ أَنْ يَفْعَلَ حينَ رأى النُّفاياتِ في الزَّاويةِ التُّرابيةِ القريبةِ منْ منزلِهِ؟

....

....

من الذي هنَّأَهُ على فِكْرَتِهِ؟

....

هل عَمِلَ أخضرُ بمفردِهِ؟ مِنِ الَّذي قَدَّمَ لهُ المُساعدة؟

....

كيف كانتِ النَّتيجةُ وما هُوَ الاسمُ الذي أَطْلَقَهُ النَّاسُ على الحديقة؟

....

....